따뜻한 예감

박복남 시집
따뜻한 예감

초판1쇄 발행 2022년 8월 15일

지은이 박복남
펴낸이 이길안
펴낸곳 세종출판사

주소 부산광역시 중구 흑교로 71번길 12 (보수동2가)
전화 463－5898, 253－2213~5
팩스 248－4880
전자우편 sjpl5898@daum.net
출판등록 제02-01-96

ISBN 979-11-5979-527-5 03810

정가 10,000원

본 도서는 Korean Artists Welfare Foundation 한국예술인복지재단에서 2022년
창작준비금지원사업-창작디딤돌 지원을 받아 발간하였습니다.

박복남 4번째 시집

따뜻한 예감

세종출판사

네번째 시집을 내면서

강을 향해 흐르는 봄빛 언덕에는
풀꽃들이 느낌표로 피어 납니다
초록보다 더 짙고 푸른 젊음을 펼쳐 놓고
물줄기는 솟은 혈관 같이 넘치는 모습
밤이 되면 뭇별들이 꽃을 피웁니다
화려한 꽃 보다 귀한 꽃 보다
제 이름도 알 수 없는 꽃이 더욱 곱습니다
시삭하딘 그 날을 위해 변하지 않는
마음을 다지면서
가야 한다 계속 가야만 끝이 보인다
세상을 달리는 경주는 절대 일등은 없다
다만 반성해야 할 역사가 있을 뿐이다
어려움이 있을 때 정성껏 지도해주신
정영자 교수님께 깊이 감사 드립니다
늘 부끄러운 모습입니다.

| 서문 |

한 세월 살다보면 느끼는 예감의 미학

정영자 | 문학평론가, 한국문인협회 고문

한 세월 살다 보면 모두가 철학가가 되고 시인이 되며 생활 법문을 하게 된다. 스스로가 부딪치고 무너지고 일어나면서 다시 세상과 화해하기도 하고 꾹 다문 입은 다짐과 자기와의 약속을 한다. 냉엄한 인생의 길을 혼자서 걷기도 하고 배려와 사랑으로 축원 받으면서 어려운 시절을 넘어 가기도 한다. 자신이 만들어간 자기 자신만의 길 위에서 기도와 느낌은 시가 되고 글이 되었다. 세상 사는 일은 쉽지 않지만 그래도 한바탕 살만한 공간이기에 선사들은 이왕 왔으니 잘 놀다가 가라고 한다.

박복남 시인은 의리의 돌쇠 시인이다. 늘 감사와 은혜로움을 찬양하고 아무도 말릴 사이 없이 이야기도 많다. 때문에 그 아무도 그를 미워하는 사람이 없다. 남을 상하게 하거나 공격하지 않는다. 질희이 빈곤하거나 후환이 두려워서가 아닌 누구나의 사람으로 살아 가고자 하는 평범한 진리가 있을 뿐이다. 자기 잘남을 아예 내려 놓고 여러사람들 앞에서 배려의 칭찬으로 자기를 낮추며 인사한다. 잘났거나 모자람이 있어도 그리 놀라지도 않는다. 이미 날샌 것에서 무디어 지고 높은 곳이나 낮은 곳의 희생에 대하여 판단 기준을 버렸기 때문이리라 그러므로 시비분별이 엄하게 내려 올 수도 없다. 소박, 진실, 친근함이 그가 가진 마력이고 최선을 다하는 자세, 은혜에 대한 감사어록은 그의 전매특허다.

시력 17년에 이르는 동안 많은 세월이 흘렀다.

박복남시인은 『한맥문학』봄호(2005.5.) 시부분으로 등단하였고 그 동안 시집 『바다를 꿈꾼다』, 『집으로 가는 길』, 『생각을 다시 그리다』를 상재하였으며 다시 4권째 시집 『따뜻한 예감』을 발간한다.

박복남 시인의 초기 시는 삶의 자락이며 그 사랑과 그리움의 물결이었다. 지칠줄 모르게 품어 안고 있는 알뜰한 가족에의 헌신이며 사랑이요 어린 날의 따뜻한 형제애와 부모님에 대한 그리움이었다. 때문에 그의 시는 지금 여기의 삶에 대한 찬가이며 감사요 그 사랑의 훈훈한 서사가 되기도 하였다. 4권 째 시집에서도 이와같은 특성은 그대로 계승되면서도 성찰에 이르는 깊이와 여유를 가지고 시를 통한 구도적 자세에 까지 이르고 싶은 소망을 그대로 형상화 시키고 있다.

물안개 피워 놓고 싶어
흰 물감을 살며시 풀어
그 위에 높은 벼랑 바위에
무거운 마음을 얹어 놓고
마음으로 숨기는 울음
저녁 어두움으로 묻혀간다

낙엽으로 잎진 가지에
찬바람이 앉아 울 때
과감한 생략법으로
마음의 밝음을 차츰 살려 낸다
억새풀 저 어둠 속에
몸으로 울고 있을까
물보다 깊고 무덤보다 더 캄캄한 소리
그나마 눈이 내려서
마음의 아픈 상처를 달래고 있다

— <겨울의 삽화> 전문

"과감한 생략법으로/마음의 밝음을 차츰 살려낸다"는 성찰적 시적 자아의 눈 뜨은 세월에 삭혀진 시인의 삶의 한 축이다. 몸으로 울고 있는 억새의 상황을 노래하면서 어둠과 상처를 따뜻하게 보듬어 내는 내공의 여유가 담기고 있는 것이다. 때문에 〈따뜻한 예감〉과 같은 시들이 창작될 수 있었던 것이다.

눈을 열면 파도에 일렁이는 찬란한 계절
미풍처럼 흔들리는 원추리꽃
벌써 뜨거운 꽃이 핀다

간간히
장맛비에 어우러진 시냇물처럼
바다, 그 곳으로만 갈 수 있다면
해 맑은 숲과 밝은 공기를 적시며
시간 속의 터널을 지나야만 하는데

거친 호흡을 정돈하면서
링거 주사로 씻어내린
늙은 아버지의 혈관처럼
어제 걷던 길을 다시 걸어가 보지만

그래도
희망의 내일이 기다릴 것만 같은
따뜻한 예감

— <따뜻한 예감> 전문

그의 시는 직설적인 표현에서 은유와 상징으로 변모되는 정서적 배분에도 신경을 쓰고 있다. 원추리꽃이 피고 바다와 숲과 밝은 공기를 적시며 내일의 희망이 기다릴 것이라는 따뜻함 예감 속에 시의 결이 한 층 고아되고 있다.

뿌리도 없는 그는 나무보다도 외롭다
수맥이 있어도 자랄 필요도 없는 그는
자라는 나무보다 거친 기억을 갖고 있다
자유의 다른 이름이라고
나무의 아름다움과 민감한 정신
빛날 때마다 일어서는 푸른 생각들

겨울 들판에 비늘 같은 구멍이 숨쉬고
희망이 땅 밑으로 가자고 서로의 마음을
더듬어 속삭임을 주고받을 때
수많은 전선줄 속으로 다정한 목소리
인터넷의 수많은 글자들과 사진들
당신이 있어 우리 생활은 밝고 즐겁다
기다림이 그 깊은 통로로 통해서
오늘도 오래도록 서성이고 있다

— <전신주> 전문

전신주는 생명이 없고 나무는 그 생명력이 왕성하다. 뿌리가 없기 때문에 전신주는 나무보다 더 외롭고 수맥이 있어도 더는 자랄 수 없고 자랄 필요도 없는 전신주의 한계를 시인은 현대적인 인터넷의 활용과 통신으로 수 많은 글과 목소리 그리고 영상으로 소통을 하는 전신주의 또 다른 생명력을 다루고 있다. 무생물에 생명이 부여되는 현대 통신술의 발달은 기다림 자체도 통로를 통해서 이루이지는 현대문명의 소통력을 형상하하고 있다.

속이는 마음
속은 듯 해도
자기자신이 속는 것
모르는 것은 바보마음

꾸민 말로 흔들어도
살아있는 진심이 있어
바보같은 마음 슬프지 않지

세상을 다 속여도
자신을 속일 수 없고
하늘을 가릴 수 없네
오랜 세월 하나 되어
살아온 마음

보배로운 말
진심은 참된 마음이어라

— <참된 마음> 전문

엎어지고 뒤뚱거리며 한 세월 살다보면 이제 산 귀신되어 가는 나이가 된다. 알아도 모른척, 무심히 던지는 말에도 사랑을 담아 메시지는 남아도 실체는 언제나 해무처럼 자신을 가렸다. 그래도 서두르지 않고 머무르지 않으면서 고요한 시간과 공간을 내 것으로 만들어 왔다. 아무리 세상이 흔들리고 기교가 판을 뒤집어도 진심인 것은 참의 논리요 언제나 최후는 승리다. 시도 마찬가지, 은유의 하늘을 날고 상징의 바다가 파도를 일으켜도 자신이 가진 물결의 살은 참 중의 참이다. 바다에도 피부가 있는 것, 슬픔과 행복도 한 가지이다.

이제 박복남시인은 그러한 귀신 나이쯤에서 묵묵하게 살아 온 고단한 세월에 참된 마음이 보배라는 것을 깨닫는 행복한 무리 들 속에 들어섰다. 그의 문운과 건승을 함께 빌며 일독을 권한다.

차례

2부

3부

4부

5부

1부

가을밤에

풀벌레가 한 계절을 슬프도록 울고 있네
세월이 좀먹느냐고 야멸차게 비웃던 시절
이제사 덧없이 흘러가는 것이 인생인줄 알았네

가늘게 여린 모습 떨고 가는 이름 한줄
무수히 묻히고 묻힌 희미한 꿈의 묘지
살아서 묘비를 세워 허망함을 달래보자

가을산

뜨거운 여름 볕에 잘익은 붉은 석류
브라우스 속에 감춘 속살도 타는 계절
사랑은 가슴에서 익힌 영혼의 푸른 열매

북장단은 누가 쳐서 어깨춤을 일으키나
목청이 타다 못해 곰삭은 판소리 가락
부르다 목에서 쉬어 버린 그 사람 이름 석자

신발 바닥처럼 닳아진 세월 한 켤레
질질 끌고 온 길 다시 맨발로 서서
마지막 단풍으로 타는 산을 바라본다

강을 건너는 법

삶이 강물 이랬잖아 나루터가 왜 없겠어
길어야 손바닥 같은 것 잴 것도 없는 세월

눈 한번 깜짝할 사이에 없어지는 그 형상
윗강에서 놀던 고기 그 충혈된 눈
누가 접어 버린 출세의 꿈 자꾸만 하류로 보내오는
이시대의 허상들

국화꽃도 눈이 아픈지 눈물처럼 떨어진다
무엇이 그리도 갖고 싶은지 강물도 풀어 본다

까치의 봄날 인사

풀밭을 뒤적이다 햇살 하나 물고 왔다
일찍 깬 녀석이 꽃 사과나무에서 재잘거린다
작은 아지랑이를 모아 둥지를 만든다

마음고아 고른 잎사귀를 입술 가득 베어 물고
해마다 봄이 오면 보고 싶은 맘 덧칠하고
저 앳된 선율 화음에 맞춰 노래한다

미소로 넘치는 금빛 두 날개에 사랑 싣고
작년 가을 겨울 양식으로 남겨둔 꽃 사과열매
감사하다고 푸드득 아침인사
환하고 고운색 아침인사

겨울 이야기

시퍼런 파도소리 바닷물이 뚝뚝 떨어지는 어물전
아가미를 벌리다가 하얀소금 몇 개를 문
비릿한 냄새 풍기며 뒤집힌 고등어들
썰렁한 아침너머 먼 바다가 출렁이고
소금물에 절인 살점 반란의 흔적이 얼핏 보이고
그 들은 꿈꾸고 있다
푸르게 닿는 바다새 울음

희미해진 어물전 저녁 햇볕은 흘러가고
부서진 상자 속에 고등어들이 줄줄이 꿰어져
흰 눈이 서럽게 내린 삭막한 풍경

겨울의 삽화

물안개 피워 놓고 싶어
흰 물감을 살며시 풀어
그 위에 높은 벼랑 바위에
무거운 마음을 얹어 놓고
마음으로 숨기는 울음
저녁 어두움으로 묻혀간다

낙엽으로 잎진 가지에
찬바람이 앉아 울 때
과감한 생략법으로
마음의 밝음을 차츰 살려 낸다
억새풀 저 어둠 속에
몸으로 울고 있을까
물보다 깊고 무덤보다 더 캄캄한 소리
그나마 눈이 내려서
마음의 아픈 상처를 달래고 있다

고양이 이야기

호피 같은 옷을 입은, 하는 짓이 귀여운 삐옹이
아무데서나 즐겁게 뛰어 노는 우리집 쫄래둥이
앞다리가 장애를 갖고 태어난 녀석
길고양이 엄마를 둔 녀석
길가에서 자동차에 엄마를 잃은 녀석이
너무 불쌍해서 어거지로 식구가 되어버린 삐옹이
한 10년 같이 사는 동안 잔망스럽게도 정이 들고 말아
우리 식구들은 많이도 귀여워 해주었는데……
어느 날 아침 녀석은 세상을 떠나버리고
너무 섭섭해서 우리집 마당 뒤쪽
감나무 옆에 잠들게 해주었다

무너진 일상과 썰렁한 그림자의 그 날 이후
우리 식구의 가슴마다에는 선명하고 귀여운
삐옹이의 생각이 찍혀있다
보고 싶다

국화

마당 한켠에 국화꽃 한포기
맑은 마음등 환하게 켜놓고
고운 너의 모습에
평시에 돌봄도 없었는데
미안한 마음이 가득해서 얼굴을 가린다

까치

네 이름 심어두고 송이송이 피는 계절
꽃말이 다르듯이 꽃향기도 다른 사연
봄볕에 날개 펴고 노랑나비로 앉은 사랑

한 방울 비로 와서 속뜻을 풀고 가는
너의 생각 조용조용 새삼 듣는 이계절
심은지 오래된 나무에서 까치되어 우는 당신

꽃이 피고 싶어 하는 이유

장마철이 겹친 계절 능소화 피어나고
비가 끝난 하늘에 노을꽃 피어나고
산마루 큰 등걸에 꽃구름 피어나고

올곧은 등뼈 하나의 소망을 심어 올려
허망 딛고 서서 손톱도 키웠지만
마음속으로 파고 든 뿌리 생채기로 키가 커서

내 마음대로 닿지 못할 아득한 꿈이라도
내 몸속 풍차처럼 감고 또 감아
그것이 꽃이 피고 싶어 하는 이유라는 걸 알겠네

나전칠기 문갑

오랜 세월 우리집 안방에 자리잡은 자게문갑
물 한모금 자아올려 홍시 등불 되기까지
엄동설한에 그 불빛 별이 되어 여물기까지

아끼고 사랑하며 귀한 물건을 맡겨 놓았지
빛나는 경첩을 골라 풍경 달 듯 닦아 놓고
집 전체를 밝히던 꽃등 같은 너

등불 같은 어머님은 한세월 건너가시고
저렇게도 마음아파 살아온 삶 속이 타서
머리맡에 열두폭 병풍같이 고이두고 살고파

낙엽 발자욱

마당 시멘트바닥에 찍힌 고양이 발자욱
낙엽이 한잎 한잎 떨어진 모양같다
3년전 가을에 떨어진 낙엽인데
올해도 흔들리지 않은채 그대로 있네

바람이 불면 황급히 돌아나가는
허공 속에 발자욱 소리가 있고
발자욱 속에 어둠으로 한파도 지나가고
나뭇가지에 남은 낙엽이 하르르 흘러 내린다

시멘트 바닥에 낙엽이 꽃피워 놓고
그 꽃송이마다 햇살을 품어내는 온기어린 날
담을 넘는 말라버린 낙엽속에 고양이의
척추와 털고르기를 하는 햇볕
3년전 우리집 감나무 밑에 무덤을 만들어
들어간 뻬옹이의 몸을 헐어 음각이 되는
시멘트 위의 발자국

낙화

텅 빈 마음 둘 데 없어 느낌 또한 멈춘 순간
흩어지는 저 낙법落法
꽃아 너도 오래 살고싶지 그 예쁜 생애를
시름도 피는건지 세상에
딱 한철짜리 자서전을 쓰고 간 너

짧지만 긴 이야기 이름처럼 전해 있고
그 마음의 크기만큼 몸으로 익힌 향기
바람이 고요히 와서 너의 혼불을 들고 간다

내 마음속의 언어

내 안에 있는 언어는
다행스럽게도 여리고 약하다
나의 언어는
충격을 동반하지 않으며
조용히 흘러 내린다

많은 세월을 보낸 나 자신처럼
나의 언어는 숙성 될 때까지
시간의 아픔을 지키면서 기다린다
침묵이 괜찮은 화법이랄까
모든 것을 말 못 할 바엔
작은 바람에도 몸을 낮추는
풀숲이고 싶다
내 마음속의 언어는
다행스럽게도 여리고 약하다

내 모습

세수하고 나서 거울 속 만난 여자
누구일까 저 얼굴은 나는 누구인가
대답 없는 나이 먹은 저 여자

내 눈이 오랫동안 못 본 듯 한 세월
그제서야 눈에 시린 못 볼 모습
지난 세월에 그린 풍경화 같은 모습

가자 슬퍼하지 말고 달래듯 거울을 닦고
얼굴없는 마음으로 바람을 여유있게 불어가자
스스로 거울이 되어 내 얼굴을 만들어 가자

내 안에 가두고

삶은 제 속에 어려움을 머금고
깊숙이 고개를 낮춘다
간간히 아주 흔적 없이 비밀을 감추고
젖은 수건 같은 입술로 백팔 개 계단 아래
처진 꿈 햇볕 사이로 매달고 막 달려온 길
뒤돌아볼 겨를도 없이
피고 지는 계절 길 왔다 가는 걸 잡을 수 없는 길
안개 같은 희미한 눈물샘인 길인 것을
장미처럼 때로는 빨갛게 터지는 눈물샘과 함께
골다공증으로 내리는 당신의 젊은 뼈
살아온 세월 거뜬히 건져 올려
아픔 속에서 자란 시간이 보석으로 세공되듯
겸손 속에 손을 뻗으면 잡히는 행복한 시간들
긴 세월 다시 살아도 내 안에 가두고 살아온 그것
작은 소리로 속삭이는 삶의 알갱이들
행복을 길어 올리는 깊숙한 샘물인 것을

2부

노을은 곱게도 물들인다

해거름에 저무는 서쪽하늘
노을색은 곱기도 하다

푸른 바다 속
빠져드는 붉은 해는
바다 속에 있을까

순하디 순한 마음은
달 속에 하얀 추억이 되어

익어가는 마음
노을에 붉게 젖는다

늦저녁

풀침 하나 꽂아두고 벼랑에서 출렁출렁
겨울밤 칼바람에 아리고 터진 손
불씨 한 줄이 움켜쥔 가파른 길을 기어 올라간다

다시 안아보고 싶어

버리기가 아까워
오랫동안 보관한 옷들
살면서 몸담았던 따뜻한 기억을 품고
각질角質의 세월 속에서
양수처럼 흐르는 어둠 속의 추억을
수없이 간직했던 너
지폐보다 더 짙은 전설이 담겨 출렁인다

다시 안아보고 싶어

옷장 속으로 곱게 접어 넣어본다
그래
내년에 다시 한 번 만나 보자

도시 안개들

시간이 사람을 죽이는 줄로만 알았는데
시간도 사람을 잘못 만나면 허옇게 죽는가봐
사람과 동반자살한 무리한 시간의 시체

소리가 잘들리지 않아 눈이야 벌써 멀었지
유리처럼 시간을 깨는 사람들의 느린 동작
마른 꽃 한 묶음이 물구나무 서고 있다

비만한 살 빼려다가 목숨까지 뺄 것 같네

동백꽃

꽃을 안으며
봄내음을 온몸에 휘감고 마시고 싶다

봄 속에 뜻밖의 기별
맑은 고랑에 찰랑히 고인물이
높은 음으로 두드리고

마음은 꿈속까지 들락거리며
이 봄을 상큼한 이슬로 맺히려 하네

어디선가 봄내음 같은 동박새 울음소리
꽃망울이 터지는 아양소리

저 멀리서 계절은 우리들 마음 속으로
건너오려고 몸짓하고 있네

따뜻한 예감

문을 열면 파도에 일렁이는 찬란한 계절
미풍처럼 흔들리는 원추리꽃
벌써 뜨거운 꽃이 핀다

간간히
장맛비에 어우러진 시냇물처럼
바다, 그 곳으로만 갈 수 있다면
해 맑은 숲과 밝은 공기를 적시며
시간 속의 터널을 지나야만 하는데

거친 호흡을 정돈하면서
링거 주사로 씻어내린
늙은 아버지의 혈관처럼
어제 걷던 길을 다시 걸어가 보지만

그래도
희망의 내일이 기다릴 것만 같은
따뜻한 예감

멸치 회무침

건강한 비린내와 함께 온
기장 대변항의 멸치
한 그릇 바다를 건져 그 속살을 발라놓고
거섶을 섞어 버무리는 어머니의 손맛
멸치 회무침의 향기

어머니는 가시고 안계시지만
물빛은 예전처럼 넘실거리고
포구의 봄이 제멋에 저문다

모시적삼

치자 빛 모시치마에
하얀 적삼 입은
내 유년의 어머니

우물가엔 무화과나무가 웃고 있고
봉숭아 맨드라미가 속삭이든 곳
냉장고가 없던 시절
열일곱 번의 물을 갈면서
부지런을 떠시던 맛에
알맞게 곰삭은 열무김치를
상에 올리시던
내 어머니

그 시절 어머니 보다
더 변해버린 내 모습에
보내버린 많은 날들이
아련하게
그립기만 하다

민들레 꽃

뿌리가 쓴 꽃일수록 꽃 색은 고운 법
노란색 봄비 속에 곱게도 피었구나
우리 삶도 그렇게 아름다운 꽃이 피었으면

노란색 봄비 속에 살을 섞는 언덕배기
알몸으로 기도하듯 바람 속에 다 벗고
우리와 같이 저 눈 맞춤에 무지개 되자

민들레

민들레 꽃 속에서
오랜만에 잊고 지내던
어머니를 만났다
그때처럼 반가움을 가득 담아
안겨주시면서 설레임을 담아주셨다

모든 것이 부족하던 그 때
어머니는 언제나 밝은 미소로
우리들에게 내일을 그려주셨다
그 사랑으로 생활의 모양을 만들라고

고여 있던 뜨거운 바다는 넘쳐
욕심과 반성이 생각을 만들고
마음을 달래면서
고마움을 가슴 가득히 모아가는 지금

감사합니다 어머니
그 시절 포근한 마음씨
밝은 미소를 주신 덕에
물방울이 모여 새로운 중심을 만들어
행복의 색채를 느끼는 지금입니다

어머니 감사합니다

밀물이 장난치다

속바지가 벗겨진 온천천
간물에 감춰진 엉덩이 모습이
꼼지락 꼼지락 흔들리다가
차오르는 물길에 따라

긴 혀를 낼름거리며
속바지 속으로 점점 차오르는
부드럽고 순한 포옹

마음대로 즐거운 한번
재대로 느끼지도 못했는데
벌써 물이 차올랐다

흐트러진 사랑이 제자리 찾아
속바지를 찾아 입었을 때
물새가 흐느끼는 강변에
바닷바람이 장난삼아 불다 흘려갔다

벚꽃

겨울 손끝에서
흘러나온 봄바람이
웬일인지
다른 곳은 놔두고 꽃망울에만
다둑다둑 겨누어 모여 가지가지 매달리네

봄나물
들꽃에 살며시 앉았다가
시선에 닿으면
휘청 크게 흔들리면서
함께 서둘러야 할 차례를 잊어버렸다

봄빛 호흡만 스쳐도
화들짝 놀라면서
가지가지 재워둔
아기 꽃망울들

어머나!
깜짝 놀라 일시에 야단법석 분홍 칠이다

봄 나들이

사슬바람 타는 것은 곱다 못해 화사하기도 하다
소리 없이 꽃가루가 떠도는 날
하염없이 줄을 풀어서 그 끝까지 담은 마음

소식이 끊긴 사람 추억 같은 연락처
누르면 그의 소식 냉수 한잔처럼 건너오지
괜시리 얼굴만 붉히며 가만히 불러보는 이름

한그물 가득 청어가 쏟아진다
소름처럼 튀는 물기 초록언어 되어 가늑히
말로 다 빗댈길 없는 공주님의 봄 나들이

봄날 오후

꽃바람이
빠르게 책장을 넘깁니다

세월도
빠르게 내 삶을 넘깁니다

마음속에 밑줄친 낱말
사랑을 품습니다

봄빛언덕에는

강을 향해 흐르는 봄빛언덕에는
풀꽃들이 느낌표로 핍니다
초록보다 더 짙푸른 젊음을 펼쳐 놓고
물줄기는 솟은 혈관같이 넘치는 모습

밤이 되면 뭇별들이 꽃이 됩니다
화려한 꽃들 보다 귀한 꽃 보다
제 이름도 알 수 없는 꽃이 더욱 곱습니다

온천천에는 풀꽃들도 꿈을 꿉니다
멀리 있는 친구들의 깊은 잠 잠시 깨워
가물거리는 옛 이야기과 뛰놀던 모습을
색동옷으로 갈아입고 싶은 마음입니다

3부

봄이 오려는 들판

좀 덜 닫힌 문틈에서 들어오는 햇살을
무거운 침묵으로도 밀어내지 못하고
푸석한 얼굴로 거리를 나선다

제법 남은 노을이 감싸 안은 거리는
마음 안까지 차오른 꿈 푸르게 출렁이고
그 속에서 섞이지 못한 제법 큰 파도 속에 내가 있다

매서운 바람이 붉은 알들을 쏟아내면
어린 잎새 한줄 슬며시 일어나는
계절의 꿀물을 토해낸 아침이 올 듯 하네

봄이 흐르는 날

꽃사과 꽃 하얀 망울 터질 듯 한 어느 봄날
한동안 햇살기억 표류, 표류된 마음 출렁이고
꽃 등을 밝힌 수수꽃다리 저 봄밭 길로 흐르고

담 넘어 싱그러운 풍경을 훔쳐 본다
풋풋한 첫 사랑의 마음을 삼킨다
꽃 대궁 붉은 얼굴 사이 꿈이 되어 흐른다

먼 동경의 창 틈으로 꺼지지 않는 불빛
푸른 뜨락만 아리도록 훔치다가 이웃집 눈에 비쳤다
나를 묻는다 봄 속에 힘주어 밟아 묻는다

봉선화

이 여름에
사랑도 무슨 씨앗 같이 가슴 속에서 여물다가
톡, 톡, 톡 혼자 마음으로 터져버리면
슬픈 눈물같은 이야기
여인은 가슴에다 빨간 사랑 물들이고
손톱속에 숨어
그리워 하다 그리워 손톱 깨물다가
뚝, 뚝, 뚝,
온몸으로 터져버리는 눈물같은 이야기

분홍빛 눈을 내리다

분홍빛 눈을 내리던 벚꽃이
흩날리듯 날아 떠나고
그 자리에 연초록의 작은 손을
쏘옥 내밀고 봄이 깊기를 기다린다
기관지 천식을 앓아
돌아누운 지난 날들이
여기저기 시뿌연 탄식
서럽기도 하여라
몸져누운 이 봄에도 벚꽃은 한없이 흘러가고
따뜻한 내일이 우리에게로 다가오네

삶

삶이란 주간식인가
아니면 객관식인가
사람사는 일을 두고
꽃들이 푸는 봄날
알뜻 말뜻 하다가
꽃잎 질 때 풀리는 답
참으로 묘한 대답이네

상사화

깜짝 놀라 돌아보니 상사화 한 무더기

붉은 그리움에 등을 돋우고

그대 이 곳에서 길을 잃어버렸다

당신이 떠난 후에 푸른 잎은 마음 그릴 것이다

보고 싶다, 보고 싶다, 보고 싶다

붉은 상사화는 그리움에 잠긴다

설거지

내 몸을 씻는다
식사가 끝날 때 마다
그대 앞에 차리고 싶은
내 사랑 한 접시
언제나 빈 그릇으로
싱글거리는 즐거움

내게 알맞은
마음을 담고 싶다
가끔은 뜨겁게
때로는 차가운 맛
그대들의 손닿는 곳이라면
나는 늘 말끔한 모습이고 싶다

세병교

– 연제구 거제동과 동래구 수안동을 연결하는 다리

조선의 과학자 장영실이 태어나
동래 관노로 청년 시절을 보낸 이 곳
1910년 나무다리가
1930년 돌다리로 변하면서
동래 학춤의 발상지로 유명한 세병교

임진왜란때 전쟁을 치른 뒤
피묻은 병기를 씻은 곳에 다리를 만들었다네
동래성 남문 익성에 있던 세병문 남쪽의 다리에서
석교를 세우자 세병교가 탄생을 알렸네
조선시대 돌다리를 일제 강점기 시절 일본이
콘크리트 다리를 개수했고
이 곳을 리모델링하여 지금 모습으로 단장했네

현대 교량의 분위기에 맞게 조형탑을 만들고
부드러운 모습으로 단장했네
다리 양측으로 너비 2m 자전거 도로를
조성하여 시민들의 마음이 가까이 오기를 기다리는 다리
밤 산책 나온 온천천 시민들에게
LED 경관 조명을 장식해서

밝고 경쾌한 느낌으로 탄생한 다리
먼 곳에서 이곳 야경을 구경하려 모이는
역사적인 추억의 향기가 담긴 이 곳 세병교

소금 꽃

소금 꽃 바람의 속삭임
변산반도의 맑은 물
염부의 삶의 여정이
불볕 속에 타오르고

그 옛날
선운사 창건 설화속의 검단선사
스님들이 중생들에게 염전법을
가르치시어 만들어진 꽃소금

겨울과 봄 사이
여름과 가을 사이
삶의 고개를 넘을 때 마다
견뎌낸 푸릇한
향기로운 꿈이 익는다

계절이 오는 폭포 앞에서
마음의 길이 있고
바람의 길이 있고
진액이 빠질수록
소금 꽃의 아름다움이여

티끌 없는 웃음
당신은 먼 길을 달려 왔고
쉬어갈 여유로움에
바람이 소금을 스치면
속삭인다
진정한 삶의 의미를

수석

졸졸졸 흐르는 역사 물이오 발자욱이네
간간히 문신처럼 몸에다 새긴 무늬
좀처럼 입을 열지 않는 그러나 많은 이야기들

돌이 입을 열면 한권의 책이 되고도 남겠지
꺼내온 물속으로 조용히 돌려 보내면
판소리 한마당처럼 물처럼 들려주는 돌이야기

아름다운 삶

삶은 햇빛의 굴절 같다
그 옛날 모자라던 유년의 삶이
채집망에 수많은 시간이 되어 날아오고
햇살에 붙은 보송보송한 날개를 털곤하네
고통은 한 페이지의 콩트같고
통장에 남은 이파리들을 세어보고
부스스 떨어져 나온 햇빛들
그해 겨울 지상의 계절위에 떨며
조그마한 뜨거운 시간이었을까
마음을 열면 공터의 생수같은 꽃잎들이
초점을 잃고 흔들거린다
멀리 싱싱한 전기불들이
순하게 엎드린 마음의 창문마다
불씨 한 장씩 붙이고 있다
내 마음속에 행복과 불행이 공존하는 것은
연륜을 많이 흐른 후에 희미하게 알 것 같다

아버지

어려서 회초리로 마음 안기실 때
때리는 매 보다 말이 아파야 사람의 자식이지
아버님 그 무서움이 깃든 말씀 생각 납니다

세상 떠나셨지만 사랑만은 오래 남아
겨우 두 눈 앞에 번쩍하던 매는 작은 아픔인데
그 말씀 마음속에 남아 어찌 그리 아프든지

고개 숙이고 울음으로 뉘우치면
두 눈에 맺히는 눈물만 그렁그렁
아버님, 꿈속이라도 좋으니 보고 싶습니다

아침 속잎 이야기

절벽의 틈새에서 아침이 뻗어나온 빛줄기가
이슬 묻은 바람의 말 도란도란 풀어간다
불잉걸 마알간 눈빛 오감으로 충혈된다

아파트 숲속에는

도시 속 아파트 숲에는
오랜 세월 묵은 그리움들이 모여 산다
하루 종일 움직임 없이 하늘 향해 오롯이

반짝이는 오만으로 그지없이 당당하게
산들부는 바람에 씻어 말리는 옷 걸어놓고
때로는 그리움에 우-울음소리로 조용히 흐른다

103동 사이로 풍경이 울릴 때면
하루 종일 보고 싶던 가족과 나눌
맛있는 음식상을 만든다
맑은 하늘이 흘러 모인다

안양암

– 통도사

영축산 송림계곡 오랜 세월 정기가 서린 곳
솔바람 향기 속에 시름을 달래고
산 계곡 맑은 물소리는 부처님의 법음 같네
주불로 모시는 아미타불이 계시는 극락전
"안양"은 극락세계를 가리키는 말씀이라네
신명난 꽃살문도 눈앞으로 다가온다

고려 충렬왕 때 찬인대사가 암자를 만드셨고
마당 앞쪽에는 사주문이 있고 현판에 정토문 장엄하게
되어있네
영천 약수는 솔 향을 머금고 목마른 이들의 감로수 같은 물
내려다보면 한 눈에 통도사가 들어온다

사람의 착한 마음은 부처님을 닮은 마음이요
싸늘하게 식은 소리는 중생의 마음 같네
고생고생 고된 세상살이 모두가 티끌이고
모두가 꿈결 같네 극락과 지옥은 내 마음속에 공존하는 것
스님들의 청아한 예불소리 속세에 묻은 때가 봄눈
녹듯 녹아지면
마음은 탈속하여 선정에 잠기는 것 같네

영축산을 안은 마음

오랜만에 미장원에 다녀온 것 같은 날
골똘한 생각들로 단단한 돌맹이에
부딪쳐 휘청거리는 햇살
영축산 자락은 표정이 낯설었고
잠시나마 옛 생각에 멈춘다
소금에 절인 배추 같은 몸
목이 마르다
짠물만 마시고 지내온 것 같다

아버지의 고향인 영축산 자락을
나는 늘 꿈속에서 만난다
그 산 뒤쪽은 통도사라는 큰 절이 있고
"양산시 상북면 내석리" 라는 이름을 가진 마을
황매화로 울타리를 만든 우리 큰 집
마당 앞으로 조그마한 도랑물이 졸졸 흐르고
도시에서 자란 나는 지금도 그 곳을
꿈속에서도 그린다
뒷산에 진달래와 할미꽃
가을에 작은 갈대밭과 낙엽 색깔
그리고 산열매들의 달콤한 맛

이 길을 왜 가는가 물으면
문득 길은 아버지의 모습으로 변해버린다
젊은 날의 어머니의 모습도 담겨져 있다
이대로 누워 길의 미궁에 잠든다면
길에 된 부모님의 흔적을 꿈꿀 것 같다
오늘이 저물어도 길 위에 있을 것이다
다가오는 어둠이 마음을 누르며 길을 지워도
그림자와 나는 길 위에 있을 것이다

영축산 가을 속으로

살다보면
전혀 염두에도 없어졌던 사람

때로는 허전함이 희미한 질곡에 젖을 때
내 마음이 흔들릴 때면
물결처럼 흘러와 느껴지는 사람

더 없는 존경과 사랑이라 생각하면서도
살다보면 망각 속에 갇혀 버리는 사람
연륜이 쌓여가면서 이 이상 슬픔이 없으리라
주저앉을 때만 뜨겁게 만져지는 사람

돌아보니 가을과 함께 온
낙엽이었네

4부

오래된 그릇

그릇은 비웠으나 세월은 채워있고
마음도 비웠으나 숨소리는 채워있다
아직 비우지 못한 내 가난한 눈빛이여

먼 옛날 한 여자가 벗어놓은 혼과 육신
그 모습 웅크린 몸 알고 보면 내 모습 그릇
언제쯤 불에다 다시 구어 부끄러움을 태울까

오월의 색깔

아카시아 꽃 사이로 꿀 모으는 꿀벌들아
꽃물같은 5월을 단물로 다 만들고
예고 없는 날 빗방울에 깜짝 놀라 집으로 가는데

질 좋은 천연 염료로 산과 물도 입히더니
그마저도 마음에 안차 그림자도 초록빛이네
빗방울마저도 연두빛 창포물 같아라

온천천 강둑

짙은 봄 한줄기를 온천천이 담고 흘러
물오리 무리무리 봄인가 소풍놀이 즐기는데
아무렴 물을 풀어야 세월도 흘러가지

온천천 시민공원

– 동래구 안락동, 연제구 연산동

그 옛날 황새벌이였던 곳
지금도 황새는 날개를 펴고 날아
풍경을 그리는 곳
1950년까지 고래들이 놀러와
안뜰처럼 놀다 간다고 안뜰교, 고래등길 등
이야기로 이어오는 이 곳

진실한 빛깔로 살아가는 원추리는
황갈색 미소로 채색하고
오랜 그리움에 야위어 진 채
어느 큰 흐름의 단면을
생활 속에 담아 놓은
해맑은 웃음들이 모여서
인파가 색깔을 만들고
자전거로 속도를 그리고
들꽃은 생시로 피었다가 또 피어나고
꽃보다 더 붉은 생명이 출렁이는 곳
저녁 불빛에 부서지는 물결은
일몰을 타고 온 숭어가
동그라미 놀이 젓을 때

그대
희망찬 마음으로 생활을 맴도는
바람이 되어 날마다 같은 길로
흐르는 온천천 강물이 되어 있었네

온천천의 갈대

치장도 모르는 너를 보며
기도로 흐느끼는
슬픔을 듣는다

바람이 불면 일제히 부대끼는
대궁과 그 잎 두고 두고
생각이 되새김질을 하는 것을
애절한 정 때문일까

세파에 시달리다 시달리다
긴 목을 하고 엄마같은
질긴 한 때문일까

꾸밈도 모르는
너를 보며 간절한 기도로
흐느끼는 깊은 슬픔을 듣는다

욕심 버리기 2

나비가 날아오르는 높이보다
더 낮게 아래로
조금씩 조금씩 욕심을 채우고
겨울에는 더욱 낮게 낮게
봄에는 그래도 크게 크게
여름에는 조금 내리고
가을에도 조금 크게
오르락내리락 마음을 달래면서

작은 도랑이 흐르는 물가에 살면서
욕심 따위는 달래면서 재우고
도랑물같이 나직이 그렇게 살면서
나비가 날아오르는 높이만큼
조금씩 조금씩 기쁨을
띄워 올리면서 나직이 살고 싶네

왕표연탄

– 동래구 낙민동

지금은 고층 아파트가 자리 잡고 있는 그 곳
1967년 동래구 낙민동에 왕표연탄 공장이 탄생 했네
저 탄 더미 속으로 봄비가 흘러 들어가
검은 빗물 뱀이 흘러 내렸고
그 옆으로 조용히 누워있는 동해남부선 철길은
석탄 가루를 얄밉게 동네방네에 흩날리기도 하고

연탄으로 난방 하던 시절
잠들기 전에 불씨가 꺼질까봐 마음 태우면서
교환할 연탄을 미리 준비 하는 일은
온기 어린 그 때의 일상이였네
금속성의 거친 숨을 몰아쉬며
동해 남부선 철길 위의 기차는
무뚝뚝한 모습으로 지나가고
깊이 잠든 며늘아기가 깰까봐
조용히 연탄을 갈아 넣어주시던
어머님이 그립습니다

지금 이 곳에는 교각위로
동해선 전동차가 지나고
고층 건물 아파트가 키자랑을 하면서
옛 이야기 속으로 왕표연탄은
수줍은 듯 상상속으로 모습을 감추고 있네요

우리 사람들

법당 문을 들어 설 때
마음의 매무새와 옷을 가다듬는 사람
동트는 하늘을 보며
언제나 감사 인사하는 사람
축구장 매표소 앞에서
온화하게 오랜 시간 줄서는 사람
작은 호의에도 감사하고
스쳐가는 희망에 가슴 설레이는 사람
울적한 이야기를 들으며
이게 아닌데 이게 아닌데
머리를 긁적긁적하는 사람
한밤중 잠이 깨면
심해 같은 어둠을 지켜보면서
불우한 이웃들을 근심하는 그 사람

우수雨水가 경칩驚蟄을 만날 때

샛강줄기가 뒤척이는 봄이 오려는 둔치에
촉수를 길게 뻗은 나무가 봄볕과
만남을 위해 온몸을 열고 기다린다

햇볕이 쉬다간 온기가 배인 곳
작은 가지마다 물기가 돌고 새순이 돋아
긴 겨울동안 오래 참아온 황홀한 입맞춤

오직 봄날을 위해 참아온 차갑던 날들
마음의 빗장을 여는 부지런한 생각이 있어
향기롭고 따뜻한 포옹 환호하며 만나네

오랜 세월 묻어둔 상처 들이
초록 신경으로 돋아나 스멀대며 움직인다
몸과 마을을 열고 화해하며 안기네

우수경칩이 지나가는 길

찬바람 속에 숨었던 햇살
마음을 활짝 펴고 기다리는
계절에게 한아름 내려주는
그 따뜻함으로 엄마의 품 속 같은 온기
겨울잠 자던 개구리가 기지개를 펴며
땅위로 기어 나오고
올해 농사가 풍년이 되기를 기원하며
바쁘게 흙일을 시작하는 사람들
아낙네들은 간장을 담그고
한겨울 내 미뤄왔던 일을 시작하는 봄
조상님들은 봄을 기다리지 않고
일을 만들어가는 슬기로운 지혜로
복 받은 이 땅에
해마다 새 희망의 봄이 와
만물이 소생하고 생명력이 조용히, 크게
움직이는 경칩이 우리에게로 오는구나

원추리

온천천을 걷다 원추리꽃 무리와 만난다
생전에 어머님이 가장 좋아하시던 꽃 원추리
가까이 다가가 조용히 불러본다
어머님
그 넓은 마음씨와 사랑으로 안기는 꽃

삶의 무게 감당 못할 때
무거워진 내 마음을 눈치로 다알아내고
방긋 웃는 얼굴에는 안타까움이 가득

그래 알겠다 너의 마음
욕심을 비운 생각으로 그래도 열심히 가보자
살아간다는 것은 벼랑에서 뛰어내리는 용기 같은 거라고

살다가 속절없이 흔들림을 당해도
삶의 열매는 알알이 새긴 뜻으로
꼭꼭 노력만큼 채워지는 것

어머님 당신의 말씀은 저의 활력소입니다

자갈치 시장

그렇게 높았던 파도가 허리를 편다
발 묶인 배들이 빼꼼이 목을 빼고
오륙도 정취에 맨몸으로 감싸 안는다
먼 여행에서 돌아와 정박 중인 배위에
갈매기들은 허풍담은 이야기를 풀어놓는데
자갈치 횟집 좌판에서 비린 색깔의 바람이 그릇에 담긴다
큰 울음으로 앞을 막는 어둠도 실크 마후라 같다
할 말이 많은 듯 한탄이 쌓인 듯
들썩이는 입술은 몇 개의 불빛이 되어 바다로 숨어든다
파도는 삼킬 것을 찾아 야행의 습성을 표출하지만
오이소 보이소 사이소 억척같은 삶을 만드는 자갈치
희뿌연 계절의 부두가 지워 질 듯 바쁘게 걸어온다
얼큰해진 취기가
건들건들 흔들릴 때 까지 퍼질러앉아
온기를 기다린다
오륙도를 삼킬 듯 파도가 높다

자전거를 타면서

출렁이는 화폭 위에 낙관은 누가 찍을까
전설이 된 강물과 함께 거꾸로 비쳐서
조각난 가슴 잇대어 바람결로 꿰맨다

얼마를 더 달려야 무릉도원에 닿을 수 있나
휘파람이 되지 못한 샛강가로 들어 서면
근육이 풀리고 혈관 다시 붉어진다

거꾸로 비쳐져서 전설이 된 강물과 함께
후자경에 돌아서 가는 지난날 훔쳐 보지만
마지막 꿈의 실타래 다시 감아 굴린다

자화상

안방에 걸려 있는 거울 속에
홀로 가만히 들여다 봅니다

거울 속에는 뭉게구름이 흐르고
하늘에 무지개가 뜨고
바람이 불고 계절이 있습니다

흰 머리카락이 생긴 여인이 있습니다
왠지 낯선 얼굴이라
곱지 않은 모습에 돌아 나옵니다

깊이 감추어둔
불씨 하나 더워지면서
저려오는 깨달음이 있습니다

그래
이제야 알겠네
수없이 찢겨나간 시간의 허망한 벽을 뚫고
강물에 뜨는 내 그림자임을

전신주

뿌리도 없는 그는 나무보다도 외롭다
수맥이 있어도 자랄 필요도 없는 그는
자라는 나무보다 거친 기억을 갖고 있다
자유의 다른 이름이라고
나무의 아름다움과 민감한 정신
빛날 때마다 일어서는 푸른 생각들

겨울 들판에 비늘 같은 구멍이 숨쉬고
희망이 땅 밑으로 가자고 서로의 마음을
더듬어 속삭임을 주고받을 때
수많은 전선줄 속으로 다정한 목소리
인터넷의 수많은 글자들과 사진들
당신이 있어 우리 생활은 밝고 즐겁다
기다림이 그 깊은 통로로 통해서
오늘도 오래도록 서성이고 있다

정오

햇살 뭉친 길 위에서 맨발로 춤추다가
차오른 갈증으로 저어두운 강을 건너
야무진 생명 하나가 기웃기웃 일어선다

5부

조용히 해주세요

먼 하늘을 같이 날아온 새 두 마리
나이테를 서른다섯개 가진
꽃사과나무 놀랠까봐
살포시 내려 앉는다
저녁 노을이 하루를 마감하려고
곱게 젖는다
욕심이 팽창할수록 삶은 날마다 무거워져
꽃사과열매 한덩어리가 몸을 흔들면서 울부짖는 듯 하고
두눈 질끈 가지 끝 열매가 흔들리고

조용히 해주세요

잠못드는 바람 재워 보려고요
마음을 모으고 있을 때
옛날 어린시절 친구처럼 깃털을 넓게 펴
두 마리 새가 서로를 안아준다

무거웠던 삶의 무게가
맨발처럼 따뜻하다
편해진 마음으로
초록의 세계로 들어가네

진달래 꽃

그 마음 알고 보면 통꽃이오 갈래꽃이라
그리움이나 사랑도 꽃봉오리 같이 생겨나서
통째로 시들거나 갈래갈래 지더라

마음에서 불이 나면 연기 없이 탄다지만
산골짝 이른 봄꽃은 꽃불로 지펴놓고
자꾸만 번져나가는 수심한 그대 모습

진여의 말씀

어둠이 바른 자세로 앉아
깊어가는 밤 속에서 떨고 있다
추위에 시달린 나목과 작은 떨림이
그대 마음속에 잠들고
세월의 매정한 손길이
어름같이 찬 염주 알을
쓰다듬고 있다
살아온 세월
지울 수 없는 업보가
지금까지 살아온 세월이
나의 전신을 짓누르고 있다
어제 내린 하얀 눈꽃이
귀한 진여의 말씀으로
그대와 나를 다시 태어나게 하네

차가운 도시의 그림

노인들이 공원 벤치에 앉아 있다
깊은 주름과 잔주름 그리고 숨찬 호흡
꺼칠한 얼굴색에 바람이 비켜 지나간다

빤질한 소매깃에 눈물이 번져 보인다
삶의 무게로 휘는 등에 지팡이로 걸어간다
쓴맛 커피 한 잔으로 서로 등 기대보지만
차오르는 후회 때문에 등만 더욱 구부러지고
누울 아랫목이 그립다

해질 무렵 새들도 둥지 찾아 떠나고
나도 가야지 가랑잎 같은 몸 누울 곳으로 가야지
거리가 밝힌 도시 거리를 껍질 같이 흩어져 가네

차茶를 담은 마음

한봉지 내마음을 끓는 물에 우린다
꿈에 빠진 눈빛이 풀리듯 색이 생긴다
뜻 깊은 한잔의 대화를 내 입술에 적신다

조용한 웃음소리 어쩌면 고은 새울음소리 같고
입으로 조잘되는 식힌 짙은 사랑의 즙
뜨거운 한모금의 여유 가슴으로 보낸다

긍정과 반항은 내 혀를 달랜다
귀로 듣고 입 다물고 이 한잔의 맑은 정신
이제사 화해의 자세로 손을 잡아본다

찬바람

찬바람 머금은 낙엽의 눈금마다
낮게 부서지는 바람이 만든 악보들
아침을 안고 온 물빛 안개가 젖어든다

창호지 창틈에서 머뭇거리는 햇살은
반쯤 닫힌 문 앞에서 횅하니 토라져서
동백꽃 송이송이 붉은 상처 만드는가

어렵게 잡아도 허공의 지느러미
토라진 마음 얼룩진 거품을 거둬내고
하늘의 철새 떼가 보석 같은 낙관落款을 찍고 간다

참된 마음

속이는 마음
속은 듯 해도
자기자신이 속는 것
모르는 것 은 바보마음

꾸민 말로 흔들어도
살아있는 진심이 있어
바보같은 마음 슬프지 않지

세상을 다 속여도
자신을 속일 수 없고
하늘을 가릴 수 없네
오랜 세월 하나 되어
살아온 마음

보배로운 말
진심은 참된 마음이어라

참회를 올린다

적막을 깨운 마음이
대웅전에 엎드려 참회의 범어를 올린다
번뇌의 두꺼운 옷깃
한 겹 한 겹 벗겨내면
앞날의 그림 같은 깨끗한 영혼
극락정토가 소리 없이
우리의 넋을 다둑이고 있다
따뜻하게 우려낸 향긋한 설록차가
낮게 갈아 앉은 맑은 찻물 속으로
한 방울 씩 떨어지는 석간수에
인연의 윤회가 쌓아지고 있네

철쭉꽃

오랜 세월 동안 봄에는 언제나
분홍색 마음을 담은 꽃을 피운 너

너도 사람을 닮았나보다
많은 나이에는 지친 색깔을 보이네

노랑나비와 손을 잡고
참새들은 꽃 가지에 앉아 조잘거리고

철쭉꽃은 마당에 피었고
오랜 세월 살고 있는 나에게는
주위 인연들이 꽃을 피우네

청자연적

친정아버지 생전에 고이 아끼시던 당신
청자연적에 물을 벼루에 부어 먹을 가시던 모습
마음 담은 글씨 지금도 우리들 가슴에 남아있네

통도사

승려가 되려는 사람은
모두 부처님의 진신사리를 모신
금강계단에서 계를 받아야 한다는
높고 깊은 의미 속에서 탄생한 통도사

수행불교 중심도량의 마음을 업고
영축산을 바라보는 통도사
바람이 읊어 대는 염불소리에
풍경의 맑은 소리가
고운 화음으로 발 아래 내리고
설 마당을 지나는 신도들의
발걸음이 흐르는 물에 꽃잎 같다

바람소리 염불소리
침묵한 바위 등에 쏟아 내리며
허공 속에서 내려앉은 작은 소리들
무릎 꿇고 조용한 목소리로
웅웅대는 절터에 가만히 내려앉는 경전의 울림
어둠을 삼키려는 마음에
쉴새없이 내뿜는 업장의 소리들
합장하고 참회하는 마음이 가득 흐른다

평상심을 담은 그릇

잔잔한 바다가 느린 열차처럼 덜컹거린다
해변에 앉아 멀리서 다가와 정차 하는 파도를 본다
움켜쥔 내안의 마음은 어디쯤
새로운 섬을 만날까

그가 내 안에 다 들어왔을 때
그는 공간을 요구했다
그를 가득 채웠다
몸을 일으켜 세울 때 본래대로 흘러나갔다
나는 균형을 잃은 수위가 되었다

고여 있던 뜨거운 바다
넘쳐 떨어진다 욕심과 반성 그 힘으로
떨어진 물방울이 몸에 섞어 새로운 중심을 만드네
적온이 된 물이 체온으로 스며들며
그 속에 잠기어 안도의 호흡을 하네

조금 적게
조금 낮게
평상심을 가지자
행복을 담는 그릇
내 안에 있었네

하늬바람

아침나절이
정오의 다리를 건너온 시간

늦장을 부리다가 몸을 싣지 못한 바람
성난 마음 회포를 풀어보자고
옥상위의 널린 이불을 때린다
삶의 부대낌이 누군가의 마음속에
그린 풍경화 같다

그림자 길게 끌리는 난간에 앉아
삶을 달관한 안온함을
바람의 실수는 바람에서 끝나야 하고
마음속의 초록 꿈은 영글어 지기를

따뜻한 녹차한잔 마시고 싶다

하얀 찔레꽃

백지보다 더 하얀 꽃잎으로 내민 얼굴
찔러도 피 한방울 나지 않을 것 같은 모습
가시만 푸르러 저절로 소름돋는 찔레꽃

목숨도 마디마디에 꽃이 되고 가시가 되고
참을 수 없어 때로는 핏기까지 죽는 성미
사람의 발밑까지 너를 낮출 일이로구나

이 세상 지는 것은 꽃이오 생명이 또 생명이다
이름처럼 남는 것은 뿌리와 아픔과 추억일뿐
그보다 가장 무거운 것은 마음일까 사랑일까

한걸음, 한걸음, 또 한걸음

가장 먼 길에서 걸어온 나의 걸음인 것 같다
커피향 향긋하게 올라오는
허공에서 퍼지는 삶의 향
마음 한켠에 수채화 한 점 걸려 있다

걸어온 지난날을 주술같이 뒤돌아 본다
사람들은 끊임없이 삶을 기도한다
수많은 생각과 쓸쓸함을 삼키면서
그래도 자기를 끝없이 위로 하면서

많이도 약해진 내 척추로는
삶의 무게 감당 할 수 없네
몸을 가두어 버리는 긴 골목의 어둠
그래도 새벽 일찍 달리기를 시작한다

가슴가득 들어차 숨막히는 하루
많이도 아파할 내 척추를 위해
어둠의 비늘들을 털어내고 이른 아침
행복을 담을 길을 달리고 싶다

흐르는 개울

울창한 솔숲에서
고운 산새들의 노랫소리가
세상의 가파른 길을 환하게 밝힌다
조잘거리며 흐르는 개울의 여유로운
몸짓을 보며 천진무구함을 느끼는 것 같다
고요함을 지나 대웅전 처마 끝에 매달린 풍경소리
맑게 우려낸 은은한 녹차 맛이
한 방울씩 떨어지는 찻물에
윤회의 느낌이 흐른다